AF313823

PROJET

D'UNE SALLE

DE SPECTACLE.

PROJET

D'UNE SALLE

DE SPECTACLE

POUR

UN THÉATRE DE COMÉDIE.

A LONDRES,

Et se trouve

A PARIS,

Chez CHARLES-ANTOINE JOMBERT, Libraire du
Roi pour l'Artillerie & le Génie, à l'Image
Notre-Dame, rue Dauphine.

M. DCC. LXV.

PROJET
D'UNE SALLE
DE SPECTACLE
POUR UN THÉATRE DE COMÉDIE.

On ne préfente point l'idée d'une Salle de Spectacle qui eft expofée dans cet ouvrage, comme entierement neuve. Outre que c'eft proprement le théâtre de Palladio, appliqué à nos ufages, un des plus célebres Architectes de nos jours en a compofé deux dans cette même forme; l'un pour une falle d'Opera, l'autre plus petit pour un théâtre particulier. Mais comme ces compofitions ingénieufes n'ont pas été rendues publiques, ce qu'elles ont d'avantageux refte encore inconnu.

On ne diffimulera point que quelques Architectes non moins eſtimables ont paru ſe refuſer à adopter ce plan. Mais on oſe croire que, s'ils avoient tenté de le tracer & d'employer leurs lumieres à ſurmonter les premieres difficultés qu'il pouvoit leur préſenter, ils auroient ceſſé de le rejetter. On ne le propoſe point comme propre à être érigé à Paris : il peut y avoir des loix de convenance relatives à cette Capitale, auxquelles on ne s'eſt point aſſujetti ; mais ſi quelques villes de province vouloient ſe conſtruire des ſalles de ſpectacle ; moins grandes que celles de la Capitale, elles ſeroient d'autant plus ſuſceptibles des avantages que préſente ce nouveau plan. Quoi qu'il en ſoit, on ne compte point ici avoir trouvé le mieux poſſible, & on n'expoſe ce projet aux regards des Architectes excellens dont notre ſiecle ſe glorifie, qu'afin qu'ils le jugent, le corrigent & l'embelliſſent, ſi d'ailleurs il paroît recevable.

(3)

On ne parlera point de la diſtribution
des diverſes pieces, ni des dégagemens
néceſſaires à la commodité de tout
théâtre, & qui ſouvent manquent aux
nôtres; non plus que des moyens de
conſtruction d'une pareille ſalle : ce
ſont toutes choſes qui conſtituent eſ-
ſentiellement l'Architecte. On ne s'ar-
rêtera pas davantage à détailler les
changemens qu'on pourroit faire à cette
ſalle, compoſée pour la comédie, ſi l'on
vouloit en faire l'application à une ſalle
d'opera. Il n'eſt queſtion ici que de la
forme intérieure de la ſalle, pour la
rendre propre à ce que le plus grand
nombre des ſpectateurs y ſoit placé
avantageuſement pour voir & pour entendre.

On ne préſume pas qu'il puiſſe être
fait aucune objection ſur la grandeur
du plafond, qui a 72 pieds ſur le grand
diametre, & 54 ſur le petit. Elle ne
porteroit que ſur des motifs d économie, & tout le monde ſentira que,

lorfqu'on veut conftruire un édifice public, il y faut faire la dépenfe qu'exige fon utilité. Il n'eft point d'Architecte un peu verfé dans fon art, qui ne connoiffe les moyens de conftruire la charpente néceffaire pour foutenir un plafond de cette étendue. L'Italie offre des falles beaucoup plus vaftes, & dont la folidité n'eft pas révoquée en doute.

Le plus grand défaut de nos falles de fpectacle, & le plus univerfellemeet reconnu, c'eft qu'elles font trop profondes ; tellement que les loges du fond, qui font les plus favorables pour voir le fpectacle, & celles pour qui fe difpofent le jeu du théâtre & l'effet des décorations, font trop éloignées pour que l'on y puiffe voir & entendre diftinctement.

Ce plan ovale (figure premiere) fe préfentant à l'égard du théâtre fur fon grand diametre, rapproche les auditeurs de vingt pieds plus près qu'ils ne le font au théâtre de la Comédie Fran-

(5)

çoife. Le banc de devant des premieres loges s'y trouve de six pieds plus avancé que n'eft actuellement le premier rang de l'amphithéâtre. Il fera aifé de fe convaincre que, placé au parterre à cette diftance, on voit & l'on entend parfaitement.

On apperçoit cette différence (planche 5), où le plan de la falle de la Comédie Françoife eft tracé par des lignes ponctuées, ce qui met à portée d'en faire la comparaifon. Nous ajouterons encore, pour donner une idée plus nette, que dans ce nouveau plan les loges du fond font d'environ dix pieds plus proche de l'acteur qu'elles ne le font au Concert fpirituel. On y fera donc mieux encore qu'à ce Concert, où cependant l'on entend affez bien. Il eft à remarquer que l'avantage qu'a la falle du Concert fur les autres falles de fpectacle, vient en partie de ce que l'acteur fe trouve en quelque façon au milieu des auditeurs, & qu'il n'y a point de théâtre ni de coulisses derriere lui. On trouvera le même avantage dans ce nouveau plan, au moyen d'une scene avancée ; & la facilité d'entendre distinctement, qui en doit résulter, ne sera pas altérée, comme elle l'est au Concert spirituel, par la hauteur excessive de la voûte.

A l'avantage considérable d'avoir avancé l'acteur dans la salle, ce qui empêche sa voix de se perdre dans les coulisses, & qui le met comme au milieu des spectateurs ; il s'en joint un second : c'est que celle-ci étant circulaire, peu profonde, & terminée presqu'à la même distance de toutes parts, les ondulations de la voix promptement arrêtées ne peuvent produire d'écho, & n'ont point la liberté de parcourir un long espace qui en amortiroit les vibrations.

On remarque dans les théâtres immenses d'Italie, que dans la loge du fond on entend assez distinctement les

(7)

sons & les articulations, mais on ne
peut nier que ce ne soit foiblement,
ce qui est causé par le trop long espace
qui successivement a fait perdre presque toute la force de l'impulsion ;
l'on doit observer en même temps que
dans les loges qui l'avoisinent on n'entend point, ou très-mal ; ce qui sem-
ble provenir de ce que la voix ne trouvant pas de résistance en face de l'acteur, où se fait le plus grand effort,
elle ne conserve point assez de force
pour agir sur la droite & sur la gauche.
Ici les ondulations arrêtées à peu de
distance doivent s'étendre à la ronde.

On objectera peut-être que la plus
forte impulsion de la voix se faisant en
face de l'acteur, les loges qui sont tout-
à-fait sur les côtés doivent la recevoir
avec beaucoup moins de force : mais
on doit observer que la plus grande
partie des auditeurs est presque en face ;
que d'ailleurs ceux qui sont sur les côtés

font beaucoup plus près que dans les loges du fond d'aucun théâtre.

De plus, il n'eft pas auffi certain qu'on le pourroit croire, que la voix n'agiffe pas fur les côtés à peu-près autant qu'en face. Elle y agit, & très-fortement, lorfqu'elle ne fe perd point ailleurs & par un trop grand vuide devant elle. C'eft ce qu'on peut remarquer au nouveau théâtre des Thuileries, où l'on entend mieux que dans aucun autre, foit que l'acteur fe préfente de côté, ou même qu'il foit tourné tout-à-fait vers le fond du théâtre. On peut attribuer cet effet heureux, à plufieurs caufes ; mais la plus certaine, c'eft que les couliffes n'ayant que peu de profondeur, & trouvant le mur très-prochain, la voix ne s'y perd point & reflue dans la falle.

Au refte, tous les moyens qu'on peut employer pour propager le fon, peuvent également s'appliquer à la falle propo-

fée : la différence de sa forme n'empêche point la circulation du son ni sa
repercuffion , fi les matières dont on
la conftruira ne s'y oppofent , & fi l'on
n'y laiffe point de trop grandes ouver-
tures qui puiffent le faire perdre.

Cependant qu'il foit permis d'ob-
ferver que comme ici il n'eft queftion
que d'une falle de Comédie , la plû-
part des moyens qu'on chercheroit pour
la rendre retentiffante pourroient deve-
nir nuifibles. Ce qu'on y doit defirer,
c'eft d'entendre diftinctement les articulations les plus foibles , & non pas
d'augmenter la force des fons. On croit
même pouvoir ajouter que les foins
qu'on fe donne pour obtenir du reten-
tiffement dans une falle deftinée au
chant, n'y font peut-être pas auffi avantageux qu'on le penfe ; du moins fi l'on
préfere le plaifir d'entendre nettement
une voix, quelque délicate qu'elle foit,
à celui d'augmenter l'effet de l'harmo-
nie de l'orcheftre , qui communément

ne la couvre que trop. Ce retentiſſe-
ment tient toujours un peu de l'écho
& ne peut manquer de faire perdre la
netteté de la prononciation dans les
choſes qui ſont chantées avec douceur
ou prononcées avec rapidité. L'éclat de
la voix, à la vérité, eſt augmenté par la
repercuſſion dans les ſons où elle déploie
toute ſa force ; mais cette repercuſſion
ne ſert de rien, ſi ce n'eſt peut-être à produire de la confuſion, dans les momens
où la voix eſt adoucie ou accélérée. C'eſt
ce que l'on éprouve dans les cathédrales;
à moins que l'on ne ſoit très-proche,
on n'entend que quelques éclats qui
rendent certains ſons fort brillans, tan-
dis que l'on perd les articulations qui
diſtinguent les paroles.

On croit donc pouvoir penſer qu'il
n'eſt pas néceſſaire de faire des efforts
d'imagination pour chercher à augmenter le ſon, & qu'il ſuffit de donner
tous ſes ſoins à ce qu'il ne ſe perde
point & à ce que rien ne l'arrête ou

n'en amortiſſe les vibrations. Il paroît du moins que c'eſt ce qu'on a à deſirer dans un théâtre où tout doit être dé-clamé le plus naturellement qu'il eſt poſſible, & où il eſt bien plus eſſen-tiel de ne rien perdre de ce que dit l'acteur, que d'être violemment frappé des efforts qu'il peut faire pour éton-ner l'oreille. Quelque choſe qu'on puiſſe objecter, le plus ſimple & le plus ſûr eſt de placer les ſpectateurs aſſez proche pour qu'ils puiſſent ſans peine être frap-pés diſtinctement du ſon & des articu-lations de la voix directe. Si l'on y par-vient, on peut négliger les effets trop incertains de la repercuſſion. Or, c'eſt ce qu'on ſe flatte d'avoir fait dans le projet qu'on expoſe.

Un ſecond défaut de nos théâtres, & qui les rend très-incommodes, c'eſt que le plus grand nombre de nos loges ne voyent que de côté, & que ceux qui ſont au rang de derriere ſont dans une attitude contrainte, & ſouvent obligés de se tenir debout s'ils veulent jouir du spectacle : encore la vue en est-elle embarrassée par plusieurs piliers qui séparent les loges. C'est ce qui étoit cause, dans le temps où l'on préféroit la politesse à sa commodité, & où le parterre jouissoit de sa liberté, qu'il ne souffroit point que les femmes y restassent. Ceux même qui sont les mieux placés, comme dans la loge du Roi ou à la suivante, n'y sont pas bien. Trop près des acteurs, ils ont le désagrément d'entendre les efforts de respiration qui s'ensuivent de la nécessité de se faire entendre jusqu'au fond d'une salle très-profonde, & ils sont exposés à appercevoir les contractions des muscles du visage qu'occasionnent ces efforts. Il est vrai qu'y ayant aussi dans le plan proposé un parquet, conformément à l'usage établi dans les salles de comédie, les personnes qui y seront placées seront toujours à portée d'appercevoir jusqu'aux moindres mouvemens; mais

les autres fpectateurs étant beaucoup
plus près, les acteurs auront moins d'efforts à faire. Cette néceffité d'être en-
tendu au loin eft une contrainte pour
l'acteur qui rend fon jeu forcé & hors
de la nature.

Dans ce nouveau plan les loges font
prefque toutes en face de l'acteur, puif-
qu'il eft à-peu-près au centre de la falle.
On peut voir le fpectacle fans tourner
la tête ; ceux du fecond rang font auffi
bien que ceux du premier , & il devient
prefque indifférent de prendre place à
l'un ou à l'autre : ainfi, l'on peut dire
qu'il n'y a point de mauvaife place ,
quoiqu'il y en ait cependant de pré-
férables les unes aux autres.

Les moins avantageufes pour voir
le fpectacle feroient celles des balcons ou loges marquées (*B. C.*
planche premiere), & les deux loges
qui les fuivent & qui joignent le
commencement de la fcène ; mais
celle même qui touche le théâtre eft
encore mieux placée que les balcons

(14)

actuels de la Comédie Françoise. Dans ces derniers on voit presque toujours les acteurs par derriere, au lieu que dans les loges dont il est ici question, on les voit au moins de profil. Au reste, il y a peu d'apparence que les loges des deux pointes de l'ovale, quoiqu'on n'y soit pas mal, fussent encore occupées par les mêmes personnes qui ci-devant remplissoient les balcons, puisqu'il y aura quantité de places meilleures. Et quant à celles qui joignent la scène, comme il est d'usage qu'il y ait des loges pour les acteurs, au moins ne niera-t-on pas qu'elles peuvent suffire à cet effet.

On ne peut disconvenir qu'il est impossible de construire un théâtre enfermé, couvert, & capable de contenir le même nombre de spectateurs qu'il en tient dans les nôtres, où tout le monde soit également bien placé. Peut-être pensera-t-on qu'un demi-cercle régulier rempliroit cette demande ; mais pour

(15)

peu que l'on y réfléchisse, on verra que
le demi-cercle ne peut contenir autant
de loges qu'en grandissant le diametre,
ce qui éloignéroit les spectateurs, &
feroit perdre un des plus grands avantages qu'on se soit proposé dans celui-
ci, c'est-à-dire, de mettre la loge du
fond (qui dans ce plan deviendroit
celle du Roi) le plus proche qu'il étoit
possible, & à une belle distance, soit
pour voir, soit pour entendre. Celui-ci
a tous les avantages du demi-cercle,
puisqu'à le bien considérer, c'en est un,
seulement applati pour le rapprocher
de la scène, & circulairement prolongé
pour s'y joindre & empêcher que l'ouverture n'en soit plus grande qu'il n'est
nécessaire pour la beauté du spectacle.
d'ailleurs on doit faire attention à la
forme désagréable qu'auroit le plafond,
si c'étoit un demi-cercle coupé par une
ligne droite. Ici c'est un ovale régulier,
susceptible d'une décoration riche &
symétrique, d'ornemens peints ou d'un

ciel orné de figures. Quoique dans ces édifices l'utilité & la commodité doivent être confidérées les premieres, cependant il eſt très - avantageux que l'œil y ſoit ſatisfait à tous égards. Une des plus importantes objections qu'ont faites ſur ce projet les perſonnes qui n'ont point été tentées de le tracer & de réſoudre les difficultés qu'il ſembloit préſenter, c'eſt qu'il donnoit une ſcène trop vaſte, qui ne pouvant cependant être plus élevée qu'à la hauteur ordinaire de nos théâtres, ſeroit trop large pour ſa hauteur. On voit dans les planches premiere & quatrieme, que par la diſtribution de cet eſpace en trois ſcènes inégales, il réſulte un agrément de cette difficulté ſurmontée. La grande ſcène du milieu, un peu moindre que celle de la Comédie Françoiſe, eſt cependant d'une belle grandeur; ſecondée des deux petites, elle offre, par cette étendue décorée, un ſpectacle plus magnifique, ſans augmenter la dépenſe journaliere. Il s'enfuit que les perſonnes placées au milieu dans la loge du Roi, c'eſt-à-dire, au point le plus avantageux, ne voyent plus rien qui détruiſe l'illuſion, & n'apperçoivent les ſpectateurs qu'autant qu'ils le veulent, & en détournant leurs regards.

Un autre avantage ſuit de cette triple ſcène : ceux qui ſont ſur les côtés à nos théâtres (& c'eſt preſque tous) ne peuvent jamais voir qu'un côté de la décoration, & rien ne les dédommage de ce défaut de ſpectacle. Ici ceux qui ſont ſur les côtés (& c'eſt le petit nombre) ne voyent à la vérité qu'un des côtés de la grande ſcène ; mais ils ont, pour ainſi dire, leur décoration particuliere, dans les petites ſcènes qui ſe préſentent devant eux & qui ſatisfont leurs regards. Dans nos ſalles la loge du Roi & le balcon qui eſt à côté ne voyent pour fond derriere les acteurs que le balcon oppoſé rempli de ſpectateurs, ce qui s'oppoſe à l'illufion qu'on s'efforce de produire à tous autres égards. Dans celui-ci, à l'exception de la loge qui touche à la fcène, toutes voyent l'acteur fur un fond de décoration.

La loi de l'unité de lieu, qui gêne fi fort les auteurs, femble auffi pouvoir être fuivie avec plus de facilité, en ce que ces trois fcènes peuvent indiquer trois lieux différens qui auroient pour réunion la partie avancée du théâtre. La vraifemblance en feroit moins ouvertement bleffée. Le lieu où, à la rigueur, il conviendroit que la fcène fe paffât, feroit du moins indiqué par la décoration de la fcène, d'où arriveront les acteurs. On a vu quelque chofe d'affez femblable, & qui a eu beaucoup de fuccès dans la décoration de la Tragédie d'Olimpie par M. de Voltaire.

Quelquefois la décoration doit repréfenter plufieurs édifices différens, comme dans Sémiramis, où l'on doit voir un temple, un palais & un tombeau,

beau, tous objets diſtincts, & que le Décorateur, faute de place, ne ſépare qu'à peine à l'aide de quelques chaſſis toujours trop étroits. On ſent combien il ſeroit plus à ſon aiſe pour déployer ſon génie. Il pourroit encore tirer de bien plus grands effets au moyen de la largeur qu'auroit le derriere du théâtre au-delà des petites ſcènes qui auroient peu de profondeur. Par le ſecours de quelques chaſſis avancés il pourroit en ſupprimer d'autres & laiſſer voir au fonds, des toiles ou fermes beaucoup plus larges. Or c'eſt ſur ces fermes que le Décorateur développe ſon art, & non ſur les chaſſis découpés qui n'ont jamais l'air naturel. Cependant ſi l'on vouloit ſuppoſer qu'il fût quelquefois néceſſaire que toute la ſcène ne fût qu'un même lieu, par exemple, une forêt, il ne ſeroit pas difficile de faire ſortir de deſſous le théâtre deux chaſſis peints en payſages qui maſque-

B

roient les deux colonnes qui séparen
les trois scènes.

Il en résulteroit un autre avantage
lorsque l'on a un thrône ou quelque
objet à placer dans le milieu de la scène,
au lieu de l'aller porter au fond du
théâtre, où les acteurs sont difficile-
ment entendus, & d'ailleurs paroissent
des colosses comparés aux chassis dimi-
nués qui sont à côté d'eux, on placeroit
le thrône ou tout autre objet à l'entrée
de la grande scène : les acteurs étant
encore au-dedans de la salle, seroient
toujours entendus, & la décoration
étant à son commencement, seroit de
proportion convenable ; ceux qui doivent les accompagner, au lieu d'être
rangés l'un derriere l'autre, se développeroient à droit & à gauche & feroient un plus riche spectacle. Nous
ajouterons, que n'ayant pas besoin de
laisser entierement vuide cette partie
de la scène en quelque maniere enfon-
cée, puisqu'il y a assez de place sur le

devant pour tout ce qui s'y paſſe, le Décorateur auroit la liberté d'y répandre quantité d'objets qui travɛrſeroient ſon théâtre, donneroient lieu à des effets pittoreſques & vrais, & en banniroient cette uniformité ennuyeuſe à laquelle il eſt aſſujetti.

Dans beaucoup de nos pieces tragiques ou comiques il eſt ſouvent néceſſaire que quelques acteurs ſortent du théâtre ſans être apperçus de ceux qui y entrent, ce qui ne ſe peut faire dans une ſeule ſcène qu'en la laiſſant vuide, ou qu'en abuſant de l'indulgence qu'a le ſpectateur pour ſe prêter à ce défaut. D'autres fois des acteurs doivent ſe cacher & écouter ſans être perdus de vue par le ſpectateur. On le peut ici au moyen de ces ſcènes de côté, au lieu que ce jeu de théâtre ſe rend preſque toujours mal ſur une ſeule ſcène.

Ce qu'on peut objecter d'abord, c'eſt que la décoration paroîtra plus éloignée de l'acteur qu'on n'a coutume de la voir ; mais cette difficulté disparoîtra, si l'on fait attention de combien peu elle l'est plus que dans nos théâtres or-dinaires. L'espace qu'a dans ce projet cette avant-scène est de quinze pieds, mais celui que l'acteur laisse derriere lui dans notre usage est déja de plus de neuf pieds, & nous n'en sommes point choqués : croit-on que six pieds de plus, & encore vus en raccourci, fassent une différence bien sensible ? Nous en appellons à la décoration déja citée d'Olympie, où ce reculement n'a point paru un défaut. D'ailleurs ce foible inconvénient (si c'en étoit un) équivaudroit-il à tous les avantages qu'offre cette maniere de décorer la scène ?

Nous avons dit que ce seroit sans plus de dépenses pour les décorations. En effet, les scènes étant plus éloignées du spectateur, exigeroient moins de chassis. Un ou deux suffiroient souvent. Ce ne sont pas ces chassis découpés qui font le plaisir du spectateur, c'est la toile qui les termine qui présente le tableau le plus agréable à proportion de ce qu'elle est bien exécutée. Avec très-peu de chassis & trois toiles bien rendues, dont deux peu considérables, on peut décorer richement les trois scènes.

L'espace qui reste devant la scène seroit suffisant pour y exécuter les ballets, avec cette différence, qu'ils devroient être autrement disposés, c'est-à dire, qu'ils se développeroient sur la largeur, mais cela ne doit point être regardé comme un désavantage, au contraire, il en résulteroit que tous le Danseurs pourroient être vus, & ne se cacheroient point les uns les autres.

Venons maintenant aux détails de la salle où sont les spectateurs. On verra d'abord que dans ce plan les loges sont en plus petit nombre que dans celui de la Comédie Françoise. Ce dernier peut contenir dans les premieres loges & balcons cent soixante-huit personnes; & dans celui que l'on propose, les loges pareilles n'en contiennent que cent trente-deux ; mais ce désavantage est plus que suffisamment compensé par la quantité de personnes qu'il contiendra de plus, tant dans le balcon général, qu'on peut nommer amphithéâtre, que dans le parquet. Ce balcon général peut recevoir cent vingt-trois personnes: l'amphithéâtre de la Comédie Françoise, calculé de la même maniere, n'en peut contenir que quatre – vingt-dix : le parquet de la Comédie ne donne que cent quarante-quatre places, celui-cien donne cent quatre-vingt-quatorze : c'est donc sur le tout quarante-sept places à six livres au profit des Comédiens, sans compter que les quatre passages, assez larges, qui donnent entrée au grand balcon, & qui sont pris sur les premieres loges, peuvent encore contenir beaucoup de personnes debout dans les occasions d'une premiere repré-sentation.

Il y a encore la perte de vingt-deux places aux secondes loges, celles de la Comédie pouvant contenir cent soi-xante-douze places, & n'y en ayant ici que cent cinquante, & une perte de douze places sur les troisiemes loges ; mais toutes ces pertes sont bien com-pensées, non-seulement par les places de plus au balcon & au parquet, mais encore par environ cent places de plus que donne le parterre, comme on le verra ci-après. Ainsi cette salle de spec-tacle, sans compter les moyens d'aug-menter la recette, qui seront proposés dans la suite, pourroit rendre environ 200 livres de plus que celui qui existe maintenant.

Peut-être pensera-t-on qu'il auroit été facile de multiplier les loges en faisant l'ovale plus grand, mais ce seroit perdre le principal avantage qu'on s'est proposé, qui consiste à faire que les plus éloignés ne soient qu'à une distance d'où l'on puisse voir & entendre distinctement. S'il étoit question d'un théâtre pour le chant, peut-être pourroit-on reculer ces loges de quelques pieds, à cause que la voix a plus de force dans le chant que dans la déclamation, d'où il résulteroit un plus grand nombre de places.

On doit cependant observer que toute salle construite sur ce plan, qui seroit de beaucoup plus grande que celle-ci, non seulement n'auroit aucun avantage sur les salles usitées, mais même qu'elle auroit le défaut que personne n'y seroit véritablement bien placé. D'ailleurs, il n'est point nécessaire que nos théâtres soient plus grands qu'ils ne le sont, ou du moins il ne faut pas qu'ils le paroissent. Les occasions de remplir entierement la salle sont rares, & dans les autres cas une trop grande salle paroîtroit déserte. Celle-ci ayant moins de loges, une moindre quantité de Dames paroîtra orner suffisamment le spectacle ; & comme les places du balcon circulaire n'ont point de séparation qui gêne, chacun s'y mettra à l'aise, & un nombre médiocre de personnes le feront paroître assez rempli.

Il reste une objection que quelques personnes ont faite, & qu'on croit devoir rapporter pour ne rien négliger. On prétend qu'il ne sera point agréable aux personnes placées aux premieres loges d'avoir deux rangs de personnes devant elles. Il est difficile de concevoir pourquoi elles aimeroient mieux être exposées aux regards sans contrainte du parterre qu'à ceux de personnes qui étant aux places du même prix, semblent pouvoir socier avec elles plus convenablement, & qui d'ailleurs étant proches, ne peuvent, sans la plus grossiere impolitesse, les fixer d'une maniere importune. On ose dire même

que ce feroit un agrément pour elles
que les perfonnes de leur connoiffance,
ou à qui elles prennent intérêt, puffent
venir leur parler fans faire ouvrir leurs
loges ou fe placer au-deffous d'elles
fans qu'il y parût d'affectation. Combien d'ailleurs y a-t-il de loges à la
Comédie qui aient ce prétendu avantage d'être directement au-deffus du
parterre. Les deux premieres de chaque
côté font au-deffus du parquet, & les
fept qui font au fond ont tous les rangs
de l'amphithéâtre devant elles.

Venons maintenant au parterre : celui de la Comédie, felon le plan gravé,
a environ huit cents quarante pieds
quarrés ; celui-ci , quoique peu profond, en contient neuf cents foixante-
quatorze, ce qui peut donner quatre-
vingt-dix ou cent perfonnes de plus.
Si l'on defiroit même un plus grand
parterre, comme on n'a point enfoncé
celui-ci au-deffous des loges , mais feu-
lement au-deffous du grand balcon ,

afin qu'il n'y eût point de piliers qui puffent gêner, on pourroit encore le reculer de trois pieds derriere les piliers, ce qui, fur un fi grand cercle, donneroit trois cents vingt-quatre pieds, & par conféquent environ deux cents perfonnes de plus qui ne feroient point encore trop éloignées pour voir & pour entendre. On n'y feroit pas auffi agréablement ; mais dans le cas d'une nouveauté, on fe trouve heureux d'avoir une place quelle qu'elle foit. On peut même porter la chofe plus loin ; car ce parterre pourroit être augmenté de toute la profondeur de la premiere loge, c'eft à-dire, de cinq pieds ; & alors, au lieu de trois cents vingt-quatre pieds, il en donneroit au moins cinq cents trente, & par conféquent fon augmentation pourroit être de plus de trois cents perfonnes.

On demandera peut-être à quoi ferviroit un parterre qui pourroit contenir environ neuf cents fpectateurs. Il eft

B v

vrai qu'on ne peut pas efpérer qu'il foit toujours rempli ; mais la certitude d'y trouver place encourageroit à aller au fpectacle, un nombre confidérable de perfonnes qui y renoncent lorfque l'heure en eft paffée, & il ne s'enfui-vroit aucun défagrément pour le coup d'œil, puifque la viduité de toutes les places du deffous des loges & du bal-con feroit à peine apperçue.

Nous ne compterons pas non plus pour un médiocre avantage le coup-d'œil magnifique que préfenteroit au fpectateur placé vers le milieu du par-terre ou dans le parquet le fpectacle des Dames rangées en amphithéâtre, & l'on ne peut difconvenir que notre ruelle, longue & étroite, n'approche point de cet afpect.

Dans un parterre qui auroit cette forme circulaire les flux & reflux feroient moins violens. Si dans l'effort qui fe fait au parterre de la Comédie, celui qui eft contre le parquet foutient le poids de

vingt-six perfonnes, ici il ne foutien-
droit que celui de quinze au plus. Peu
profond il feroit plus facile à garder
& à y maintenir l'ordre. De plus, les
gardes étant adoffés contre le mur, ne
cacheroient point les acteurs.

Il eft encore des moyens de recevoir
un plus grand nombre d'auditeurs qui
feroit très-avantageux aux Comédiens
dans les premieres repréfentations, ou
lorfque les fuccès font brillans ; il eft
certain que dans ces occafions on
aime mieux être mal placé que de fe
retirer. On fait de quelle utilité il eft
pour la recette de l'Opéra qu'il y ait
aux premieres loges ces petites ouver-
tures qu'on nomme *lunettes*, & combien de perfonnes fe trouvent heureufes
de refter dans le corridor lors des occafions de foule. Ces lunettes cependant
font fort petites, & d'ailleurs étant
au deffous de la tête de la perfonne
affife dans la loge, elles lui font très-
importunes. On propofe ici une autre

forte d'ouverture moins incommode pour ceux qui feront dans les loges, & qui donnera beaucoup plus de places.

On a fait à deſſein les premieres loges plus élevées qu'elles ne le ſont à nos théâtres ordinaires. D'une part, cette élevation donne plus de dignité à ce rang où ſont les perſonnes les plus diſtinguées : de l'autre, elle procure l'avantage de pouvoir pratiquer dans le haut, au fond de chaque loge, une eſpece de volet qui pourra deſcendre & ſe gliſſer dans l'épaiſſeur de la cloiſon comme les glaces d'un carroſſe. Cette ouverture peut avoir ſur peu de hauteur la largeur des deux tiers de la loge. On peut y placer deux rangs de perſonnes au moyen d'une banquette dans le corridor, qui les éleveroit à cette hauteur. Comme elle ſe trouveroit au-deſſus de la tête de la perſonne aſſiſe au fond de la loge, elle ne lui feroit pas à beaucoup près auſſi importune que les lunettes. Ce volet, décoré de bas-reliefs peints, refteroit fermé dans les jours ordinaires ; mais lors de l'abondance des fpectateurs, fon ouverture donneroit beaucoup de places, dont, à la vérité, on ne feroit ufage que faute de mieux, mais qui néanmoins rapporteroient chacune fix livres aux Comédiens. Elles fuffiroient pour quantité de perfonnes qui ne veulent voir les nouveautés que pour en porter des premiers leur jugement, & qui ne penfent pas qu'il leur faille un plus férieux examen pour décider qu'une piece eft fublime ou déteftable. Cette idée eft exécutée avec fuccès dans le beau théâtre que M. Soufflot a conftruit à Lyon.

On remarquera que chacun des rangs de loges eft reculé de deux pieds & demi en arriere à mefure qu'il eft plus élevé. Par ce moyen les rangs de devant, où doivent être les Dames, feront mieux éclairés. Elles n'auront point au-deffus de la tête un plancher auquel elles femblent prêtes à fe heurter, &

les perfonnes du fecond rang en feront moins perdues dans l'obfcurité. Ce reculement des fecondes ne les empêche pas d'entendre. On fair que la voix monte avec plus de force au haut de la falle que dans le bas. Les Dames en tireront d'ailleurs cet avantage, qu'elles pourront voir & être vues de toutes les perfonnes qui feront fur les devants.

Il refte maintenant à rendre compte des moyens que l'on propofe pour l'éclairer, tant du côté de la fcène que du côté des fpectateurs. On conçoit d'abord que fi l'on vouloit fe contenter d'éclairer l'affemblée par des luftres, deux, placés aux deux foyers de l'ellipfe pourroient fuffire ; mais c'eft toujours une grande incommodité que d'avoir entre foi & l'acteur des lumieres qui éblouiffent. Elle eft encore plus fenfible aux fecondes loges, qu'on doit cependant d'autant plus confidérer, que c'eft toujours ce rang qui eft le plus rempli. Un autre défagrément qui s'enfuit de la suppreſſion des luſtres ſur le devant du théâtre, ſi l'on n'y ſupplée d'ailleurs, c'eſt que les acteurs ne ſont éclairés qu'en deſſous, & que cette lumiere ne s'accorde pas avec celles que ſuppoſe le Décorateur. De plus, lorſque les actrices levent la tête, elles ont une partie du viſage ombrée, ce qui ne leur eſt point avantageux.

Il feroit donc infiniment mieux que la principale lumiere vînt d'en haut. C'eſt ce que l'on a tenté ici, en pratiquant à quelque diſtance au-deſſous du plafond, un grand bandeau ovale qui peut être richement décoré. Il donne lieu de ranger ſur ſes bords tant de lumieres qu'on le jugera néceſſaire. Il eſt indiqué dans la planche 6 par une ombre plus forte. La partie de cet ovale deſtinée à éclairer les ſpectateurs peut porter ſimplement un rang de chandelles. Mais ſur les bords qui ſe préſentent du côté du théâtre, & qui ſont deſtinés à l'éclairer, on pourroit ſe ſer-

vir de flambeaux de cire, inclinés. C'est
ce qui répand la lumiere la plus nette
& la plus brillante. Cette dépense ne
seroit point trop considérable, puisqu'il
y a lieu de croire que trente flambeaux
seroient suffisans (*). Si l'on croyoit y
trouver plus d'économie, on pourroit
faire usage des lampes à reverbere.
Mais si la lumiere qu'elles jettent paroît s'étendre plus au loin, elle a le
défaut d'être incertaine & vacillante.
On ajouteroit derriere ces flambeaux
un fond que l'on entretiendroit blanc,
& non pas un fond de fer blanc poli.
Ceux qui ont fait usage de l'un & de
l'autre pour travailler à la lumiere,
savent combien elle est plus belle &
moins fatigante, réfléchie par le blanc,

____

(*) On pourroit même se contenter de la
moitié, parce que la partie du bandeau qui
vient jusqu'au dessus du théâtre n'étant desti-
née qu'à éclairer la décoration, des chandelles y pourroient suffire : ce seroit l'intérieur du
bandeau du côté des acteurs qu'il faudroit
forcer de lumiere.

ue lorfqu'elle eft renvoyée par un corps
oli, qui éblouit plus qu'il n'éclaire.

n'eft pas befoin d'expliquer qu'il fe-
oit néceffaire de pratiquer des échap-
emens à la fumée, & un chemin pour
: moucheur. Qu'on ne craigne pas que
: devant de la décoration ne foit pas
ffez éclairé, parce qu'il eft un peu
lus éloigné qu'à l'ordinaire. Lorfqu'on
eut que des décorations faffent de
effet, ce n'eft pas fur l'avant-fcene
u'il faut forcer de lumiere. Au con-
raire, ce devant doit, relativement
ux décorations qui font derriere, con-
erver une forte d'obfcurité douce, qui
ide à augmenter l'éclat du ciel ou des
utres objets qui font dans le fond. On
aiffe le filet de lumiere à l'ordinaire,
utour du devant du théâtre, mais en-
oncé de maniere qu'il ne cache point
es pieds des acteurs. Il feroit à fouhai-
er que l'on pût fupprimer ce filet; &
u moyen de toutes les lumieres que
nous avons propofées, peut-être pour-

roit-on s'en paſſer. Mais il paroît qu
ce filet eſt néceſſaire, non - ſeulemen
à cauſe de la lumiere qu'il donne, mai
encore parce qu'en éblouiſſant les acteurs, il les empèche d'appercevoir le
ſpectateurs les plus proches, dont le
regards fixés ſur eux pourroient les di
traire.

Si les acteurs ne ſe trouvoient pa
encore aſſez bien vus, il ſeroit facil
de pratiquer aux deux angles que fai
la partie ceintrée de l'avant - ſcene
deux piédeſtaux feints, ſur leſquels o
placeroit ou un vaſe ou une figure cou
chée, qui dans cette place ne cacheroi
rien d'important. Ces piédeſtaux maſ
queroient de part & d'autre deux foyer
de terrines qui augmenteroient la lumiere ſur les acteurs lorſqu'ils ſont u
peu en arriere.

L'avantage eſſentiel qui réſulteroi
de cette maniere d'éclairer, c'eſt qu'o
n'appercevroit les lumieres qu'autan
qu'on voudroit lever la tête, & qu'ainſ

les ne détruiroient point l'effet du
ɓectacle.

Voilà ce qu'on a cru devoir expofer,
fin qu'étant examiné par les perfonnes
ntelligentes, elles acceptent ce qu'il
eut y avoir d'utile, en rectifiant &
erfectionnant ce en quoi l'on pourroit
voir erré.

F I N.

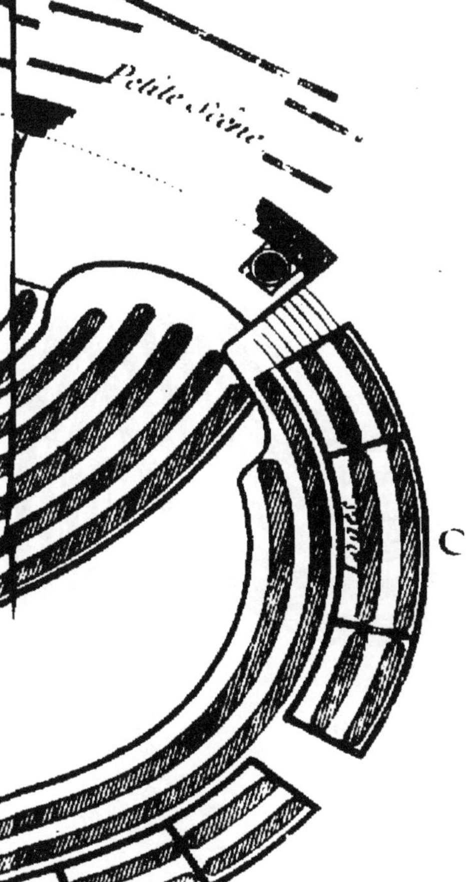

Planche
Spectacle.
Petite Scène
C
6 Toises.
Marque Sculpsit.

Planche 1re

Plan d'une Salle de Spectacle.

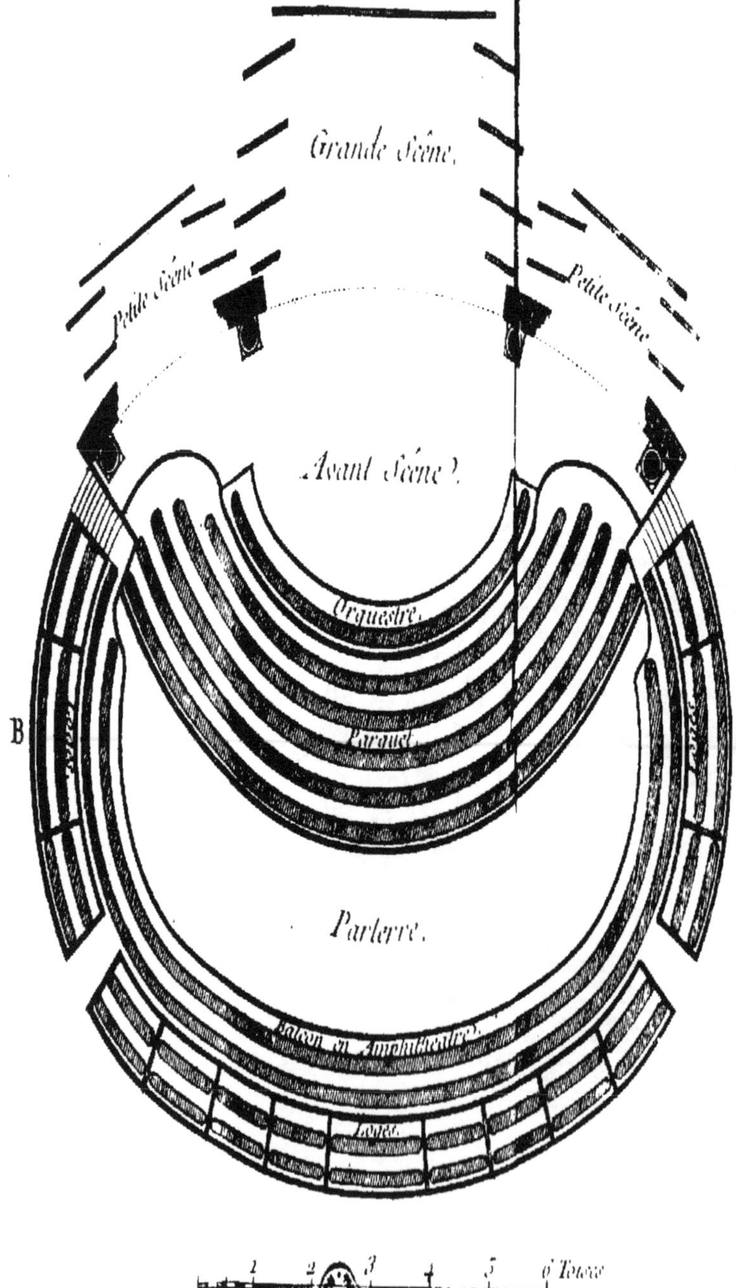

Marçoc Sculp.it

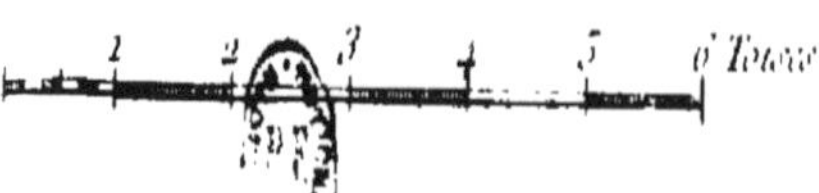

.Pl
grand Diametre.
lle?.

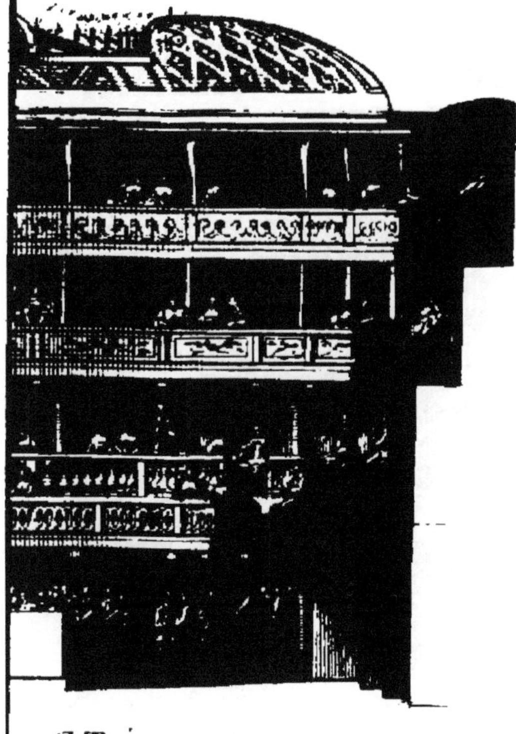

6 Toises.
Marque Sculpsit.

Coupe de la Salle de Spectacle fur le grand Diametre.
Prefentant le fond de la Salle.

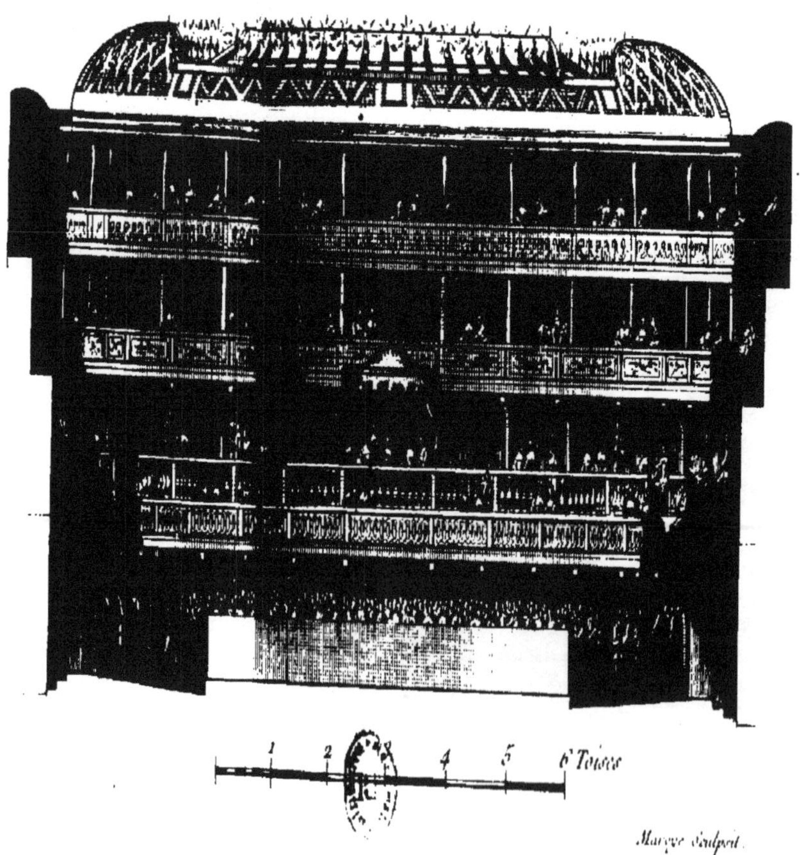

Mareye sculpsit.

e petit Diametre.

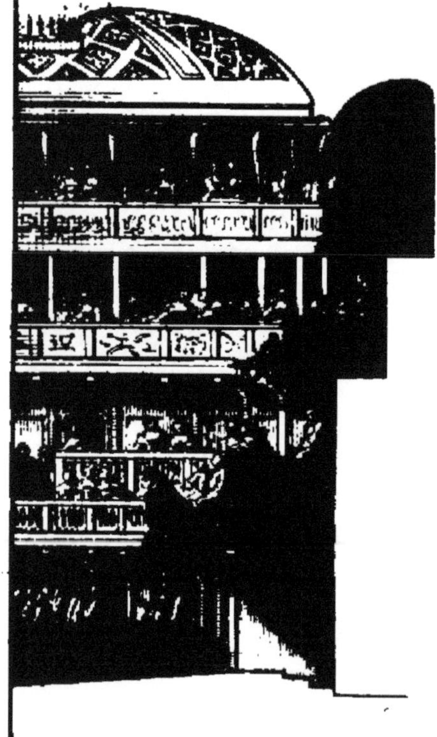

5   6 Toises.

Marque Sculpsit.

Coupe de la Salle de Spectacle fur le petit Diametre.

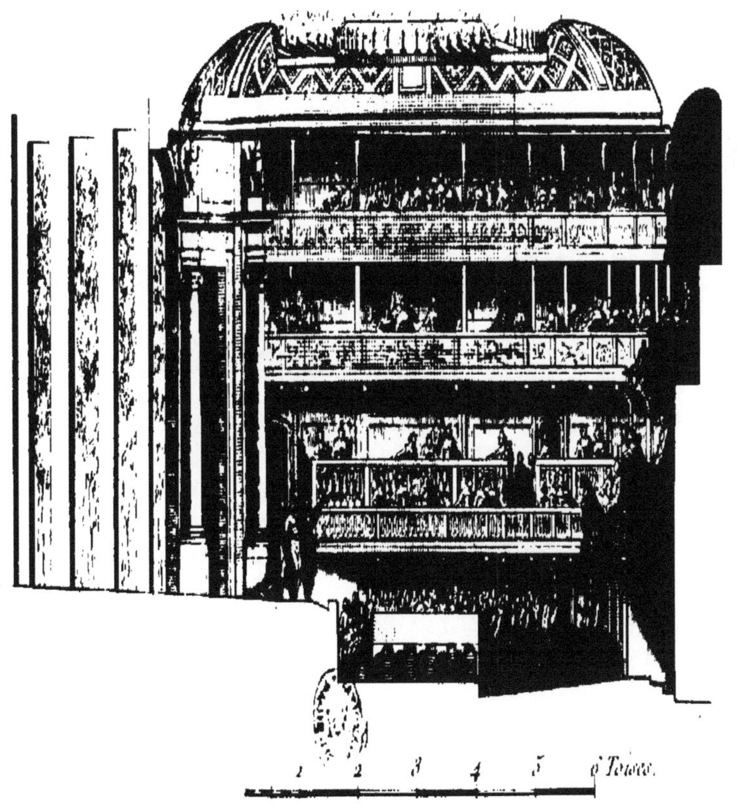

Mareye Sculpsit

grand Diametre.

tre.

Coupe de la Salle de Spectacle sur le grand Diametre.
Presentant l'ouverture du Théatre.

Marvye Sculpsit.

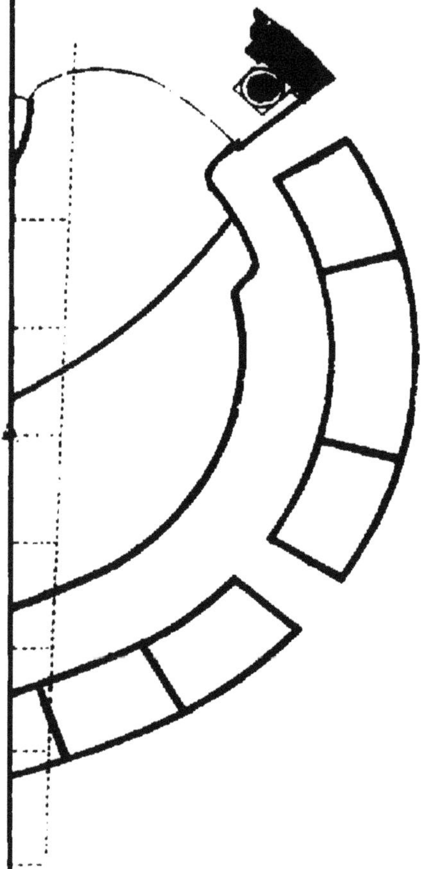
Pl.
la Comedie Françoise.
la Comedie Françoise.
Marque Sculpsit

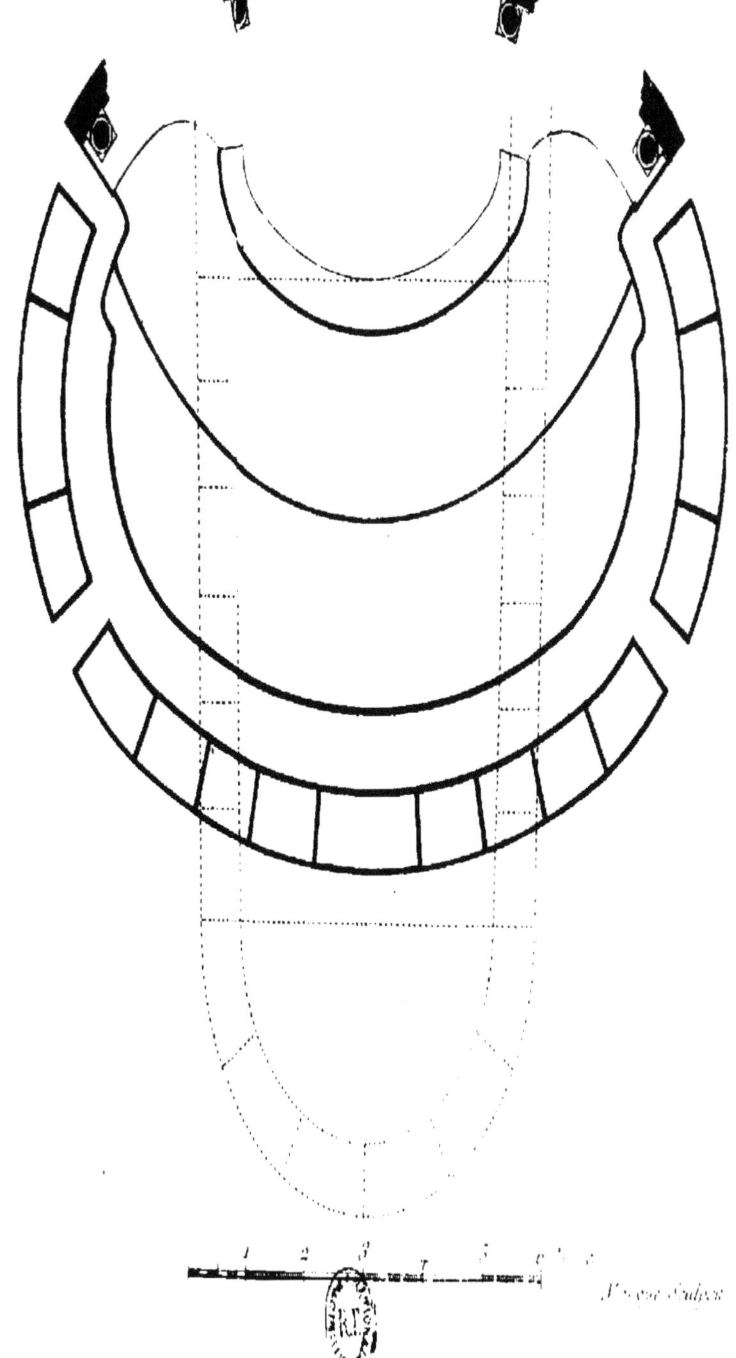
Plan de la Salle de Spectacle comparé avec celui de la Comédie Françoise.
ce dernier est tracé en lignes ponctuées.
1 2 3

Plan
ectacle
mieres.
6 Toises.
Marque Sculpsit.

Plafond de la Salle de Spectacle
Avec le Bandeau qui porte les lumieres.

Maryve Sculpsit